Ce livre appartient à :

Édition originale LASSE MAJAS DETEKTIVBYRA :
MUMIE-MYSTERIET

Première publication en 2005
par Bonnier Carlsen Bokförlag, Stockholm

Édition française : Oskarson (Oskar Jeunesse), Paris
Direction éditoriale : David Lanzmann
Traduction : Marianne Ségol-Samoy
Coordination éditoriale : Angélique Groslier
Mise en page : Caroline Rimbault

21, avenue de la Motte-Picquet – 75007 Paris
Tél. : +33 (0)1 47 05 58 92 / Fax : (0)1 44 18 06 41
E-mail : oskar@oskareditions.com
Site Internet : www.oskareditions.com

ISBN : 978-2-3500-0217-0
Dépôt légal : octobre 2007
Imprimé en Slovénie

Oskar & Malena
Détectives privés

Le mystère de la momie

Martin Widmark

Helena Willis

Traduit du suédois
par Marianne Ségol-Samoy

OSKAR POLAR

Musée
RUE DU MUSÉE
Kiosque
RUE DE L'ÉGLISE
Poste
Poste
BIJOUX
HOT-DOG
N
O
E
S
BUREAU
D'OSKAR ET
MALENA

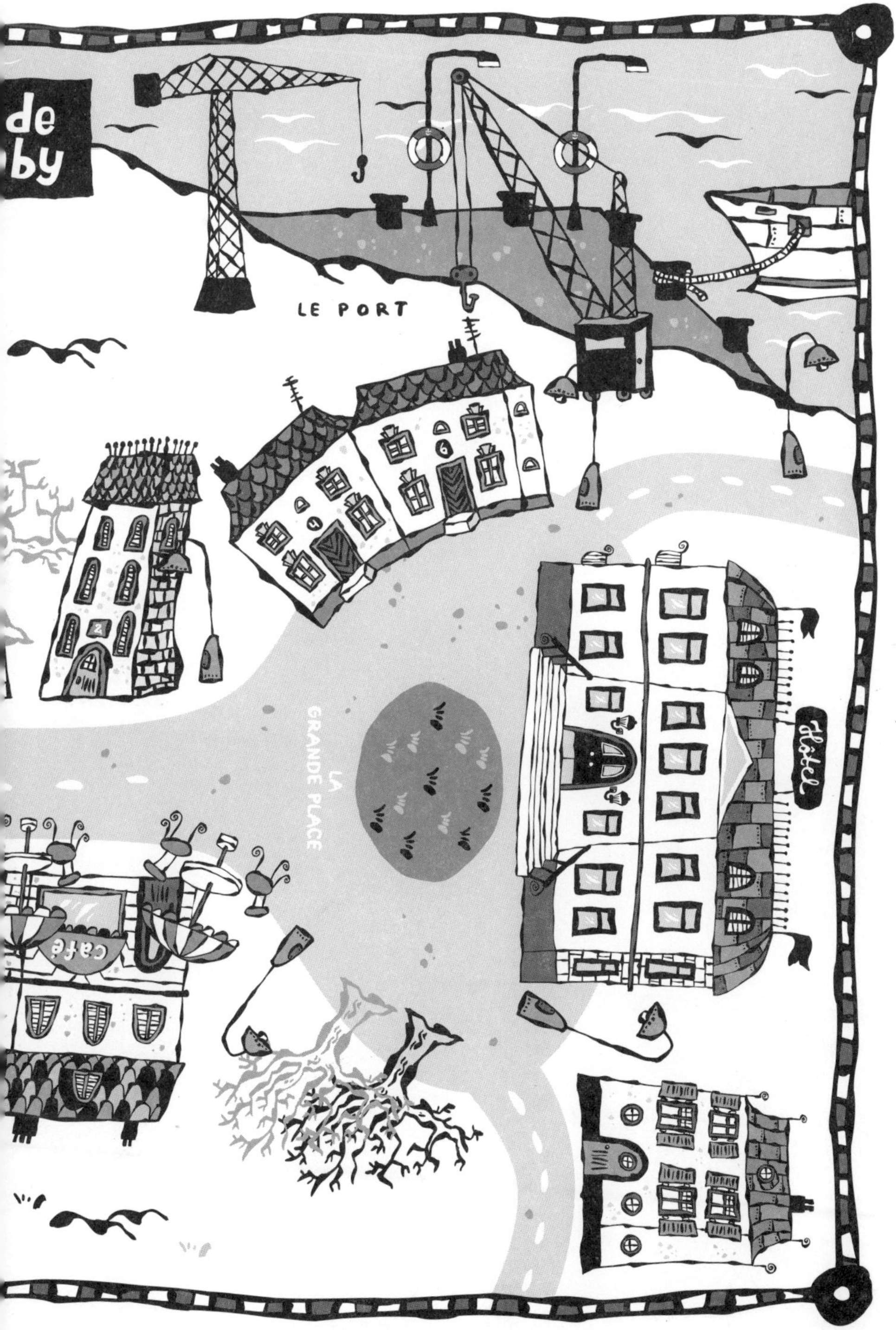
LE PORT
LA GRANDE PLACE
Hôtel
café

Cette histoire se déroule dans la petite ville
de Valleby, où la plupart des gens se connaissent.
L'église se trouve au centre du village.

Les personnages principaux, Oskar et Malena,
sont copains de classe et dirigent ensemble
une petite agence de détectives.

LES PERSONNAGES

Malena Oskar

Barbro Palm

Krister Lönn

Pernilla Gren

Cornelia Hammarberg

Chapitre I

La momie s'est réveillée

C'est une belle journée d'été à Valleby. Deux personnes mangent une glace à la terrasse d'un café dans la rue de l'Église. Ce sont Oskar et Malena. Ils sont très amis même si aujourd'hui Malena est énervée contre Oskar.

– Tu te rends compte ? dit Oskar indifférent à la mauvaise humeur de Malena. L'école est finie et maintenant nous avons tout l'été pour bronzer, nous baigner et manger des glaces. C'est génial, non !

Il s'adosse à sa chaise, se balance en arrière et enfonce sa casquette jusqu'aux yeux.

Malena soupire en raclant le fond de son pot de glace et lance un regard furieux à Oskar.

Il est là à paresser alors que Malena s'ennuie.

– Tu ferais mieux de penser aux bandits qui, eux, ne sont pas en vacances. Le monde est plein de malfaiteurs et nous, on est là à se gaver de glaces. Cela fait plusieurs mois que tout est désespérément calme à Valleby.

– Il n'y a rien de plus inutile qu'un détective au chômage ! grince Malena.

Il faut savoir qu'Oskar et Malena ont créé une agence de détectives. Ils se sont organisé un bureau dans la cave de Malena où ils ont tout ce dont un détective a besoin pour ses enquêtes. En hiver ou quand il pleut, ils s'installent dans leur bureau et lisent des romans policiers pour se familiariser avec des affaires criminelles.

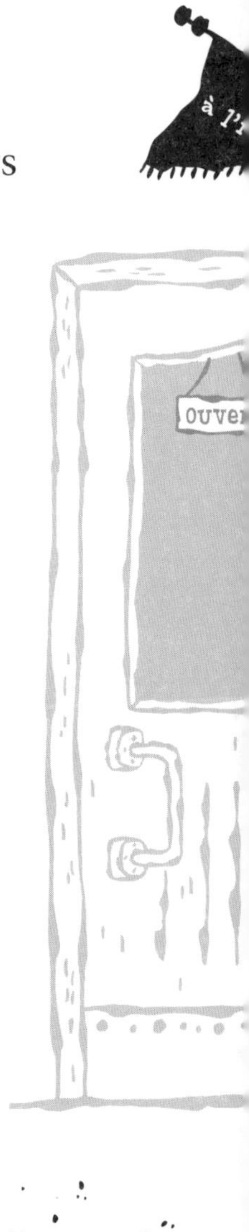

CAFÉ Panini & Bernard
Glaces à l'italien
Brioches à la cannelle
Gâteau d'été
Muffins au chocolat
Bouchées au chocolat
Rouleaux aux amandes
Gâteaux aux myrtilles
Biscuits à la confiture
Les douceurs de Sara
P&B
P&B

Mais maintenant c'est l'été et il fait beau.
– Je vais acheter un journal, dit Malena.
Oskar marmonne quelque chose sous sa casquette. Malena traverse la rue déserte et silencieuse pour se rendre au kiosque à journaux à côté de l'église. Quelques minutes plus tard, le calme est rompu. Malena arrive en courant et en agitant le journal de Valleby, le *Valleby-bladet*.

Les moineaux qui picoraient des miettes de pain sous les tables s’envolent effrayés.

– Regarde Oskar ! Il s’est enfin passé quelque chose, s’exclame Malena essoufflée.

Oskar se redresse et regarde le journal que Malena a posé devant lui.

VOL DE TABLEAU AU MUSÉE

Est-ce la vengeance de la momie ?

Le gardien de nuit, Krister Lönn - encore sous le choc - raconte au journaliste du *Valleby-bladet* que ce matin, la momie du musée s'est réveillée sous ses yeux et qu'elle s'est promenée dans les salles. Lorsque la police est arrivée sur les lieux, elle a découvert que le tableau le plus précieux du musée avait disparu. La momie, elle, se trouvait à sa place habituelle, dans son sarcophage.

Le musée offre une récompense de 10 000 couronnes à qui aidera à retrouver le tableau.

Suite page 10.

– Krister Lönn ! s'écrie Malena. C'est le copain de golf de papa. Ils jouent souvent ensemble l'après-midi.
Oskar et Malena vont vite à la page dix, et apprennent que c'est lui qui surveille la salle où se trouvent les œuvres les plus précieuses du musée.

Quand il fait sa garde, Krister Lönn verrouille toujours la porte de l'intérieur. La veille au soir, il a commencé son travail à huit heures. La nuit s'est déroulée dans le calme, mais soudain, à neuf heures moins cinq du matin, alors qu'il s'apprêtait à rentrer chez lui, la momie s'est mise à se déplacer dans la salle. Fou de terreur, il a déverrouillé la porte, monté les escaliers quatre à quatre et est allé téléphoner à la conservatrice du musée, Barbro Palm, depuis son bureau. Il a ensuite alerté la police.

La momie a laissé une lettre, mais la police ne veut pas divulguer son contenu.

– Je me souviens quand on est allés au musée avec l'école, dit Oskar. Le maître nous a appris que la momie, qui arrivait d'Égypte, était de famille royale. Sous les bandelettes se trouvait le cousin du pharaon Ramsès. Les rois de l'Égypte ancienne étaient appelés des pharaons.

– Je sais bien, soupire Malena. Moi aussi j'y étais.

– Une malédiction plane autour de la momie, continue Oskar. Celui qui trouble son sommeil est frappé par le malheur.

– Le tableau disparu est estimé à environ un million de couronnes, dit Malena. Je me demande si la momie s'est réellement réveillée. Allons au musée chercher d'autres informations.

MAIHERPERI
cousin du pharaon Ramsès,
vers 1200 av. JC

Musée de Valleby
Horaires d'ouverture
Fermé le lundi
Mar-vend. : 9.30 – 17
Sam-Dim. : 9.30 – 17
SVT 1
EKOT
4
TT
P1
21

Chapitre 2

Une disparition étrange

Lorsqu'ils arrivent au musée, une horde de journalistes et de curieux est déjà sur place. Oskar et Malena reconnaissent immédiatement Barbro Palm, la conservatrice du musée qui est interviewée par le journal télévisé.

Ils se frayent un chemin à travers la foule jusqu'à elle.

– … Non, rien d'autre n'a disparu, l'entendent-ils dire.

– Qu'est-il écrit dans la lettre de la momie ? demande un journaliste en tendant un micro.

– Je ne peux rien dire pour l'instant, répond sèchement la conservatrice avant de se retourner et de monter l'escalier qui mène au musée. Les journalistes se bousculent derrière elle, Oskar et Malena profitent de la cohue pour s'infiltrer dans le musée.
– Que faites-vous ici ? siffle la conservatrice lorsqu'elle les découvre dans le hall. Le musée est fermé. Sortez d'ici immédiatement !
– Je pense que nous pouvons vous aider à retrouver le tableau, déclare Malena en essayant d'être persuasive.
– Deux gosses ! Voyez-vous ça ! Donnez-moi une seule raison de perdre mon temps précieux à vous écouter! grogne Barbro Palm.
Elle marche d'un pas agacé tout en agitant nerveusement ses mains.

– La police n'a certainement pas de piste puisque le musée offre une récompense de 10 000 couronnes à celui qui aidera à retrouver le tableau, dit Oskar. Ce doit être terrible pour vous.
Barbro Palm continue à faire les cent pas. Il faut à tout prix lui dire quelque chose de percutant.
– Avez-vous retrouvé le portable du gardien de nuit ? demande soudain Oskar.
Barbro Palm s'immobilise, se tourne vers Oskar et Malena et leur lance un regard étonné.
– Comment savez-vous que le téléphone portable de Krister a disparu ? demande-t-elle.
L'histoire du téléphone est un coup de bluff, mais Oskar et Malena doivent trouver le moyen de gagner la confiance de la conservatrice.

– Si le gardien de nuit avait eu son portable, il ne serait pas allé téléphoner dans votre bureau, explique Oskar.

La conservatrice du musée reste silencieuse un moment avant de dire :

– Bien ! Je remarque que vous avez la tête sur les épaules et pour l'instant la police piétine. Vous verrez peut-être des choses qui leur ont échappé.

Suivez-moi !

Le bureau de Barbro Palm est décoré d'œuvres d'art en verre et en acier.

Le mobilier dépouillé rend la pièce froide et austère.

Malena se souvient d'avoir lu que Barbro Palm voulait réaménager la totalité du bâtiment pour en faire un musée d'art contemporain.

Cela ferait venir les gens de tout le pays

à Valleby pour voir les œuvres que Barbro Palm veut acquérir. Son projet a provoqué des réactions très vives auprès des habitants.

La conservatrice pointe du doigt deux élégants fauteuils en cuir. Oskar et Malena s'assoient et regardent les tableaux étranges accrochés aux murs. Barbro Palm s'installe derrière un grand bureau impeccable, pousse un soupir et commence à parler, plus pour elle-même :

– Moi qui avais de si grands projets pour ce musée. Mon intention était de vendre quelques vieilles toiles afin d'acheter des œuvres modernes. Et voilà qu'un des tableaux les plus précieux du musée a disparu.

– Qu'était-il écrit dans la mystérieuse lettre de la momie ? demande Malena.

– La momie exige que le musée lui donne cinq millions de couronnes, sinon d'autres tableaux disparaîtront.
Elle écrit aussi : « La vengeance de la momie est terrible mais juste. »
À en juger par le ton qu'elle emploie, la conservatrice ne pense pas que la lettre soit l'œuvre de la momie.

ERTLING

Étant donné qu'elle veut passer pour quelqu'un de moderne, elle ne peut pas croire à des histoires de fantômes.

– Rien d'autre d'étrange ne s'est passé ces derniers jours ? demande Oskar.

– Il y a juste l'affaire du portable perdu. Le gardien l'a cherché partout, en vain, dit-elle.

Le musée va lui en racheter un, bien sûr, et nous déduirons le montant de son salaire.

– Comment est protégée la précieuse collection du musée ? demande Oskar.

– Durant la nuit, toutes les portes sont verrouillées et une alarme est branchée. C'est le gardien qui l'active le soir à huit heures, explique Barbro Palm. Moi je l'éteins quand j'arrive le matin à neuf heures.

Personne ne peut entrer ou sortir du musée durant ce laps de temps. Sinon l'alarme se déclenche. De plus, les œuvres les plus précieuses sont regroupées dans une salle spéciale verrouillée de l'intérieur.
Le gardien y passe la nuit pour les surveiller de près.

– Et, pourtant, un tableau a disparu de cette salle, dit Oskar.
– Le gardien de nuit est-il le seul à surveiller les tableaux ? demande Malena.
– Non, une caméra fixée au mur contrôle en permanence les œuvres. Et un appareil photo se déclenche automatiquement pour prendre un cliché au moindre mouvement devant un tableau.
– Quelqu'un aurait-il pu s'y introduire si le gardien s'absentait, pour aller aux toilettes par exemple ? demande Malena.
– Krister a tout ce qui lui faut dans la salle, et il a reçu l'interdiction formelle de la quitter. Il dispose d'une petite télé et de toilettes. Il n'a donc aucune raison de sortir de cette pièce. Suivez-moi, je vais vous montrer où était accroché le tableau.

Chapitre 3

Un cadeau d'Égypte

Les talons des escarpins de Barbro Palm claquent lorsqu'elle descend les escaliers et traverse les nombreuses salles du musée avant d'arriver dans la pièce du tableau disparu. La porte est restée ouverte et Oskar et Malena remarquent immédiatement le cadre vide sur le mur.

– Le voleur a découpé le tableau du cadre, explique la conservatrice du musée en voyant leur air surpris. Mais comment a-t-il fait pour entrer dans la pièce, et comment le tableau en est-il sorti ? poursuit-elle tout en agitant nerveusement ses mains.

Oskar et Malena examinent la salle. Il n’y a aucune fenêtre et une seule porte. Celle-ci est restée verrouillée toute la nuit et n’a été rouverte que ce matin à neuf heures moins cinq quand le gardien de nuit, terrifié, est sorti en courant. À l’arrivée de la police, le tableau avait disparu. Tout cela est bien étrange. Oskar s’approche de la momie, inerte dans son sarcophage placé contre le mur. Il frissonne en pensant à ce que le gardien a vécu.

Est-ce vraiment possible que la momie se soit réveillée ? Tout à coup, un détail attire le regard d'Oskar. Il s'approche à nouveau de la momie et réfléchit. Quelque chose cloche.

Il attrape son calepin dans sa poche arrière et prend des notes.

– Depuis quand et pourquoi cette momie se trouve-t-elle à Valleby ? demande Malena.

Barbro Palm soupire, mais son visage s'illumine lorsqu'elle se met à parler :

– J'ai rencontré le Dr Ibn Al-Hakim durant une croisière de nuit sur le Nil. C'est un homme fantastique, le chef du musée historique du Caire. Je m'étais rendue en Égypte pour participer à une conférence. Ce soir-là, nous avons eu un dîner romantique sous un ciel étoilé et Ibn m'a promis quelque chose d'exceptionnel pour mon musée, dans « citte Souïde glaciale », comme il disait.

Un cadeau pas très courant on peut dire, pense Malena. Un cadavre vieux de 3 000 ans !

Oskar et Malena soupçonnent Barbro Palm d'être amoureuse du Dr Al-Hakim.

– Ibn a tenu parole et il y a deux mois, nous avons reçu la momie dans son sarcophage, raconte Barbro Palm. Elle était accompagnée d'une lettre dans laquelle Ibn racontait son histoire. Comme vous le savez sans doute, la personne qui se trouve sous ces bandelettes est le cousin du pharaon Ramsès. Malena et Oskar hochent la tête.

Barbro Palm regarde la mystérieuse momie tout en rêvassant :

– Cet homme de l'Égypte ancienne s'appelait Maiherperi, ce qui signifie « le lion arrive ». Il était le gardien des trésors du pharaon Ramsès. Maiherperi était un homme riche et avait beaucoup de gens sous ses ordres. Son pouvoir était grand.

Oskar et Malena se souviennent du cours que leur maître a donné :
« Dans l'Égypte ancienne, on croyait qu'il y avait une vie après la mort. C'est pour cette raison qu'après le décès d'une personne importante, son corps était embaumé. Elle pouvait alors continuer son existence pendant des milliers d'années. Le corps était lavé, enduit d'huiles et de plantes et ensuite entouré de bandelettes en tissu. On remplissait la tombe d'or, de nourriture et de meubles, de tout ce dont un mort aurait besoin dans sa nouvelle vie. Les prêtres fermaient ensuite la chambre mortuaire et prononçaient une formule magique qui protègerait la momie des pilleurs. Celui qui s'introduisait dans la tombe et dérangeait le mort, connaîtrait le malheur.

– Quels sont les employés du musée ? demande Oskar en essayant de se débarrasser de la sensation de malaise provoquée par la momie.

CHAPITRE 4

Tout le monde a un mobile

Malena sort son bloc-notes.

– Quatre personnes travaillent ici, répond Barbro Palm. Pernilla Gren est à la caisse. Elle commence à neuf heures trente, quand le musée ouvre ses portes, et termine quand nous fermons, à cinq heures.

– Elle travaille ici depuis longtemps ?

– Pernilla a commencé en été il y a quatre ans, ce n'était alors qu'un travail de vacances. Mais elle a décidé de rester parce qu'elle ne supportait pas la vie misérable des étudiants. Elle dit elle-même qu'elle a toujours besoin d'argent.

Et Dieu sait si c'est vrai ! Être dépensière à ce point !

CAISSE
Tarifs entrée
adultes 75
étudiants 50
enfants 6-18 30
Enfants 0-6
PARLEZ ICI
PRÉPAREZ VOTRE MONNAIE, SVP
salles 1-5
salles 6-11
peinture du 19ème
salle 6
VM
75 KR
queue ici

La conservatrice lève la voix
visiblement agacée.
– De nouveaux vêtements tous
les jours et affreusement gentille
avec les visiteurs du musée,
surtout avec les jeunes et beaux
hommes, grogne-t-elle.
Elle habite dans un appartement
luxueux dans le centre-ville
et se rend au travail à pied tous
les matins. Elle prétend que
c'est bon pour la ligne.
Barbro Palm ne semble pas porter
Pernilla Gren dans son cœur,
se disent Oskar et Malena.
La caissière peut-elle être
impliquée dans le vol du tableau ?
L'argent de la revente serait
sans doute le bienvenu pour elle…

– Qui fait le ménage ? demande Oskar.
– Ça on peut se le demander, ricane Barbro Palm. Ce musée est d'une saleté !
La femme de ménage s'appelle Cornelia Hammarberg. Elle travaille ici à temps partiel : elle commence le soir à cinq heures quand le musée ferme, fait le ménage pendant trois heures et termine à huit heures juste avant l'arrivée

du gardien de nuit. Cette pièce-ci est la dernière qu'elle nettoie, ensuite elle va dans le cagibi ranger ses produits d'entretien, vide la poubelle et rentre chez elle. Le ménage est bâclé. Je l'ai d'ailleurs prévenue que si elle ne s'améliorait pas, je la mettrais à la porte.

– Comment a-t-elle réagi ? demande Malena.

– Elle a fondu en larmes et a dit qu'elle faisait partie de l'association « Les amis du musée ». Dès leur prochaine réunion, elle a menacé de leur dire que je suis une mauvaise conservatrice, raconte Barbro Palm sur un ton méprisant.
– Où habite Cornelia Hammarberg ? demande Oskar.
– Le soir après son travail, Cornelia prend son bus pour rentrer dans sa petite maison à l'extérieur de Valleby.
Elle travaille ici depuis la nuit des temps et doit être aussi vieille que la momie, dit la conservatrice avec un rire méchant.

Oskar et Malena soupçonnent Barbro Palm de diriger son musée d'une main de fer, ce qui doit lui valoir de nombreux ennemis.

– Hmm !
Quelqu'un se racle la gorge derrière la porte. C'est le chef de police de Valleby. Il fait un signe de tête à Oskar et Malena, qu'il connaît bien.
– Les photos de la caméra de surveillance sont arrivées, dit-il, et je pensais que vous vouliez les voir immédiatement.

La conservatrice ouvre rapidement l'enveloppe et pousse un cri. Une des photos tombe par terre. Barbro Palm vacille et s'effondre sur une chaise.

– Le gardien de nuit avait raison… la momie ! dit-elle, le regard vide.

Malena se baisse et ramasse la photo. On y voit une main bandée qui tient un couteau ! Et qui découpe le tableau dans son cadre ! Aussi étrange que cela paraisse, le coupable est bien la momie. Malena tend la photo à Oskar, qui la regarde longuement, l'air sceptique. Quelque chose cloche. La momie tient le couteau dans sa main. Malena regarde Oskar en attendant sa conclusion.

Elle comprend qu'il a découvert quelque chose d'important.

– Tout à l'heure, vous avez dit que quatre personnes travaillent au musée, dit Malena. Vous, la conservatrice, Pernilla Gren la caissière, Cornelia Hammarberg la femme de ménage. La quatrième personne est donc le gardien de nuit, Krister Lönn.

– Oui, c'est ça, répond Barbro Palm, qui a recouvré ses esprits. Krister ne travaille pas ici depuis longtemps. Il a commencé il y a deux mois.

Il est donc arrivé en même temps que la momie, pense Malena, et elle écrit quelque chose dans son bloc-notes. Serait-ce Krister Lönn qui a volé le tableau et qui essaie de rejeter la culpabilité sur la momie ?

– Que savez-vous de Krister Lönn ? demande Malena.
– Je sais qu'il a travaillé comme guide touristique en Égypte, entre autres. Et qu'il a beaucoup d'enfants. Sept. Mon Dieu, quelle vie ! Des couches et des biberons ! C'est à cause de tous ces gosses qu'il travaille ici. Il m'a expliqué qu'il fallait qu'il gagne plus.
La vie de famille n'est pas pour Barbro Palm, se disent Oskar et Malena. Mieux vaut une nuit d'amour sous le ciel étoilé d'Égypte !
– Le gardien de nuit pourrait donc avoir besoin d'argent, constate Oskar.
– C'est certain, répond la conservatrice. Krister a en fait deux emplois.

Krister et le mari de Cornelia travaillent dans la même usine. Le jour, Krister conduit un chariot élévateur, poursuit Barbro Palm. Je sais aussi qu'il adore le sport et qu'il ne rate jamais le journal du sport à la télé. Il habite à côté du musée.

– Donc, en résumé, dit Malena, les choses se sont passées ainsi :

Pernilla Gren, la caissière, a terminé son travail hier à cinq heures.

Cornelia Hammarberg, la femme de ménage, est partie à huit heures.

Krister Lönn, le gardien de nuit, est arrivé à huit heures au musée, a branché l'alarme, s'est rendu dans la salle de la momie et a verrouillé la porte derrière lui. Le matin, à neuf heures moins cinq, il est sorti épouvanté, et le tableau avait disparu quand la police est arrivée.

– C'est exact, dit Barbro Palm.
– Et… où étiez-vous hier soir ? demande Oskar.
La conservatrice sursaute et le dévisage. La soupçonnent-ils de voler ses propres tableaux ? Les joues de Barbro Palm sont rouges d'indignation. Elle comprend cependant rapidement qu'il serait stupide de ne pas répondre à la question d'Oskar.
– Je rendais visite à ma vieille maman à l'hôpital. J'ai aussi eu une longue discussion avec le docteur Wennström, un homme délicieux, qui est également intéressé par l'art contemporain. Il peut témoigner que j'étais là, ajoute-t-elle sèchement.

Si vous voulez bien m'excuser, je dois maintenant me remettre au travail.
– Et nous, nous avons besoin de rentrer chez nous pour réfléchir, mais ce soir nous aimerions revenir monter la garde devant la salle.
– Si vous voulez, répond distraitement la conservatrice en leur faisant un signe de la main qui signifie qu'elle veut qu'on la laisse seule.

CHAPITRE 5

Enquête nocturne

Il fait beau et l'air est doux.
Quelques copains de classe d'Oskar et Malena se rendent à vélo au cinéma Ciné-Rio.
Voici qu'arrive Pernilla Gren dans une voiture de sport anglaise conduite par un jeune homme élégant. Elle sourit tout en regardant amoureusement son fiancé.

Musée de Valleby
Horaires
9.30 - 17
9.30 - 17
5

Oskar et Malena réfléchissent au vol du tableau. La momie s'est-elle réellement réveillée ? Est-elle en train de se venger ? Cela paraît invraisemblable, mais le gardien de nuit l'a vue, et les photos du commissaire de police montrent bien une main bandée qui découpe le tableau le plus précieux du musée.
Ou bien le coupable se trouve-t-il parmi les employés ?

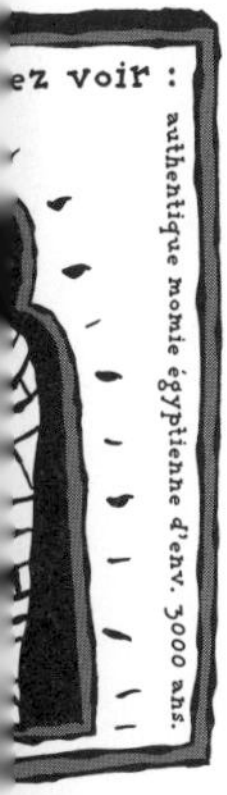

Un peu avant huit heures du soir, ils repartent pour le musée. De gros nuages chargés de pluie se sont accumulés dans le ciel. Et au loin on entend un grondement sourd.

Oskar et Malena accélèrent le pas. Quand ils arrivent devant le musée, les premières gouttes de pluie tombent lourdement sur l'escalier en pierre.

Ils frappent à l'imposante porte d'entrée et Barbro Palm vient leur ouvrir. Elle semble fatiguée.

– Le temps se gâte, dit-elle en inspectant le ciel. Il faut espérer que la nuit sera calme. Je n'ai pas réussi à trouver de remplaçant pour Krister, qui aurait dû se reposer cette nuit.

Oskar et Malena traversent le musée accompagnés de la conservatrice.

Tout paraît si différent à la lumière du soir. Les statues jettent des ombres longues et menaçantes sur le sol. Les portraits sur les tableaux semblent les suivre du regard.

Oskar a la sensation désagréable d'être observé. Y a-t-il quelqu'un d'autre dans ce musée ? Quelqu'un qui ne devrait pas être là ? Quelqu'un qui est prêt à commettre un nouveau crime ?

Oskar regarde Malena, mais elle ne parait pas troublée. Elle s'assoit tranquillement sur une des chaises que la conservatrice a installée pour eux devant la salle de la momie.
Oskar et Malena cherchent des yeux la femme de ménage. Normalement elle devrait finir son travail maintenant, mais elle a sans doute déjà pris son bus pour rentrer chez elle.
– Vous resterez ici. Krister ne doit absolument pas être dérangé quand il surveille nos tableaux, prévient Barbro Palm avant de quitter Oskar et Malena.
Quelques minutes plus tard, Krister Lönn arrive. Il est blanc comme un linge et semble terrifié. Il lance un regard surpris à Oskar et Malena, puis entre dans la salle et ferme la porte à clé derrière lui. Dehors il pleut à verse, Oskar et Malena entendent les gouttes tambouriner sur le toit en tôle.

De violents éclairs déchirent régulièrement le ciel et répandent une lumière blanche dans les salles du musée. Oskar et Malena plaignent le pauvre Krister qui est enfermé avec une vieille momie décidée à se venger.

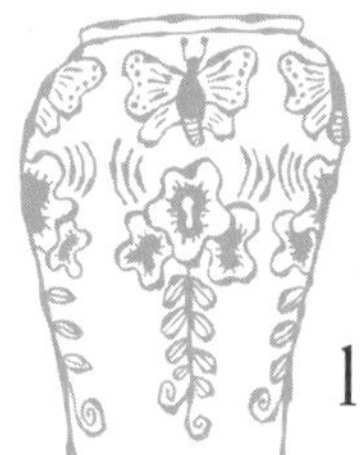

Mais le mauvais temps se calme bientôt. Oskar et Malena en profitent pour réfléchir et faire le point sur ce qu'ils savent.

salle de la momie
salle 6
GUSTAF GRIP 1522
SVEN ELOFSSON ANNO 1595
EVA GRIP 1623
1623

Au petit matin, les deux détectives sont épuisés, mais satisfaits de leur conclusion.

Soudain, la porte de la salle s'ouvre brutalement et le gardien sort de la pièce en hurlant.

– Au secours ! La momie s'est encore réveillée ! crie-t-il, et il grimpe vite l'escalier avant de se réfugier dans le bureau de la conservatrice.

Malena regarde sa montre. Neuf heures moins cinq. La même heure que la veille, pense-t-elle. Oskar et elle se précipitent derrière Krister.

Cela s'est donc produit encore une fois !?
Lorsqu'ils entrent dans le bureau, Krister est au téléphone avec Barbro Palm.

– Si, c'est vrai ! La momie s'est de nouveau réveillée. Non, je ne sais pas si un autre tableau a disparu. D'accord, dans cinq minutes, bredouille Krister avant de raccrocher. Puis il s'effondre sur la chaise de la conservatrice.

– Pas une nuit de plus dans cette terrible salle, dit-il quand il se lève finalement. Je démissionne aujourd'hui !

Barbro Palm arrive au musée suivie du commissaire de police qu'elle a contacté après le coup de fil de Krister.

J. HÖCKERT
1855
E. MARTIN
1793
W. MARTIN
1802
G.W. PALM
1827

Lorsque le gardien, Oskar et Malena pénètrent dans la salle de la momie, ils constatent immédiatement qu'un autre cadre est vide ! La pièce se remplit bientôt de monde.
Le commissaire de police prend des notes sur son calepin.
La directrice fait des va-et-vient et agite ses bras en poussant des cris de désespoir.
La femme de ménage jette un regard noir sur tous ces gens qui salissent le parquet qu'elle vient de nettoyer.

La caissière observe bouche bée le cadre vide.
Le gardien de nuit respire avec difficulté.
Quant à la momie, elle est à sa place habituelle.

Oskar et Malena échangent un regard.
Ils savent maintenant qui a volé les deux tableaux !

Chapitre 6

« Je veux la voir pleurer... »

Quelques instants plus tard, Barbro Palm réunit tout le monde dans son bureau.

– Nos jeunes amis Oskar et Malena ont quelque chose à nous dire, commence-t-elle, agitée. J'espère que c'est important, ajoute-t-elle. Les journaux et la télé attendent de pouvoir me poser des questions.

– Au début, nous pensions que c'était la momie qui volait les tableaux, commence Malena. Le gardien de nuit semblait sincère lorsqu'il racontait ce qu'il avait vu, et il existe beaucoup d'histoires de momies qui se vengent.

– Mais comment la momie avait-elle réussi à défaire ses propres bandelettes ? poursuit Oskar. La photo de la caméra de surveillance montre distinctement une main bandée tenant un couteau. Mais la momie dans le sarcophage a les bras bandés le long du corps. Comment est-ce alors possible ?
– Il y avait aussi quelque chose dans la lettre qui ne collait pas. Pourquoi une momie voudrait-elle cinq millions de couronnes ? Pourquoi aurait-elle besoin d'argent ? demande Malena.
– Cette exigence nous a fait réfléchir. Au lieu de soupçonner la momie, nous nous sommes plutôt intéressés aux employés de ce musée, continue-t-elle. Pernilla par exemple, qui vit dans le luxe, a de beaux vêtements et un grand appartement. Mais quand nous l'avons vue hier dans une voiture de sport en compagnie

1.
2.
3.
4.
5.
6.
la lettre
BLA BLA BLA
BLA BLA BLA
BARBRO PALM
PERNILLA
KRISTER
CORNELIA
Heure
la momie

de son riche fiancé, nous avons compris qu'il était tout à fait possible que ce soit lui qui paye son appartement et ses vêtements.
– Qui d'autre a besoin d'argent ?
Le gardien, bien sûr. Lorsqu'on a sept enfants, on manque toujours d'argent, affirme Oskar en regardant Krister Lönn, qui acquiesce d'un signe de tête.
Il est également le seul à avoir accès à la salle la nuit. Mais comment aurait-il pu sortir les tableaux de la pièce ? De plus, il était réellement terrifié quand nous l'avons vu ce matin.
Oskar jette un œil dans son bloc-notes.
– Non, la lettre de la momie était astucieuse, continue-t-il. Tout le monde croyait que c'était l'argent qui était important.
Mais nous avons compris que ce n'était pas le cas. L'important, c'était la vengeance !
Il était écrit dans la lettre : « La vengeance de la momie est terrible mais juste. »

Ce n'était pas l'argent qui intéressait le coupable mais la vengeance. N'est-ce pas, Cornelia Hammarberg ?
Tout le monde se tourne vers la femme de ménage. Cornelia reste d'abord muette, puis elle s'écrie :
– Pourquoi serais-je au courant de quelque chose ? Vous n'insinuez quand même pas que je suis… ?
– Il y a un instant, une personne qui n'aurait pas dû être là se trouvait dans la salle de la momie, dit Oskar. Et c'est vous, Cornelia ! Barbro Palm nous avait expliqué que vous commenciez votre travail à cinq heures de l'après-midi. Pourquoi étiez-vous déjà là à neuf heures ce matin ? Vous avez un long trajet à faire pour venir au travail, et vous n'auriez pas

eu le temps d'arriver aussi rapidement même si quelqu'un vous avait immédiatement averti

du nouveau vol. L'explication est que vous avez passé la nuit ici. N'est-ce pas ?
Cornelia pousse un profond soupir.
– C'est exact. C'est moi la coupable. J'ai volé les tableaux pour détruire Barbro Palm. C'est une femme horrible ! Je n'ai pas pu m'empêcher de rester ce matin pour voir sa tête quand elle apprendrait qu'un nouveau tableau avait disparu de son musée. Je voulais la rendre aussi triste qu'elle m'a rendue tant de fois.
La femme de ménage lance des regards assassins à la conservatrice du musée.

Puis elle continue :
– Je pensais que s'il y avait trop de problèmes dans son musée, elle serait obligée de démissionner. Dès le début, elle a été désagréable avec les employés et n'a cessé de me rabâcher que le ménage était mal fait. Je l'ai aussi entendue faire des blagues sur mon âge avancé. Il ne faut plus que Barbro Palm soit la conservatrice de ce magnifique musée, ajoute Cornelia. Et quand j'ai lu dans le journal qu'elle avait l'intention de vendre nos beaux tableaux, j'ai pris ma décision.
– Mais comment avez-vous fait pour sortir les tableaux de la salle fermée à clé ? demande la conservatrice, à la fois vexée et curieuse.
Cornelia regarde sa chef droit dans les yeux. Puis elle se tourne vers Oskar et Malena et se décide à tout leur raconter :

– Comme vous le savez, mon mari et Krister sont employés dans la même usine. La nuit, Krister travaille aussi ici. Un être humain ne peut pas travailler nuit et jour sans dormir.
– Et jouer au golf l'après-midi, ajoute Malena.

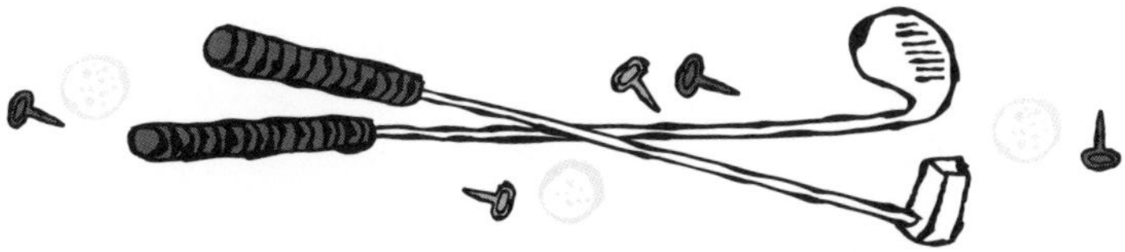

Cornelia continue dans sa lancée, visiblement sans avoir entendu le commentaire de Malena.
– À l'usine, il ne peut pas dormir. Les gens s'apercevraient aussitôt que son chariot élévateur ne bouge pas. J'en ai donc déduit qu'il dormait au musée.

Barbro Palm regarde sévèrement
son gardien de nuit et écrit quelque chose
sur un papier posé devant elle.
Krister Lönn détourne le regard.

Chapitre 7

Des œuvres d'art dans la poubelle

– En faisant le ménage, un soir au début de la semaine, j'ai trouvé le téléphone portable de Krister posé sur une fenêtre, poursuit Cornelia.

– C'est là qu'il était ?! s'étonne Krister Lönn.

Des gouttes de sueur perlent sur son front.

– J'ai tout de suite compris que c'était celui de Krister puisqu'il l'avait cherché partout. Je savais exactement comment procéder. Au lieu de rentrer chez moi, je me suis cachée dans les toilettes de la salle de la momie. Le journal du sport commençait à huit heures.

SUPER !
I ♥ NY
PHILIPS

Après avoir verrouillé la porte,
la première chose qu'a faite ce cinglé
de sport a été d'allumer la télé, raconte
Cornelia. Il n'a même pas vérifié
si quelqu'un était resté dans le musée.

La conservatrice se racle la gorge et note
de nouveau quelque chose sur son papier.
Cornelia continue :
– Une fois l'émission terminée, il a mangé
son sandwich puis s'est endormi, épuisé
après sa journée de travail à l'usine.
Le matin venu, je me suis changée et
je me suis entourée de bandelettes.
Je peux vous dire que ça a été un sacré
boulot. J'ai utilisé un nombre incalculable
d'épingles à nourrices.
Cornelia semble excitée par le souvenir
de cette nuit. Elle poursuit :

– Lorsque je me suis regardée pour la première fois dans le miroir, j'ai moi-même eu peur. J'ai entrouvert la porte et j'ai vu que Krister dormait toujours. Je suis alors sortie des toilettes, j'ai traversé la salle, j'ai découpé le tableau de son cadre, je l'ai enroulé et je l'ai fourré dans mon chariot à ménage. Puis j'ai sorti la momie de son sarcophage – sa légèreté m'a étonnée – et je l'ai cachée aux WC en me disant qu'elle serait contente d'aller aux toilettes après toutes ces années.

Krister se met à rire, mais il est le seul à trouver la blague de Cornelia amusante. L'ambiance dans le bureau est pesante.

– Tout était maintenant prêt pour la partie du travail la moins agréable, poursuit Cornelia en regardant le gardien de nuit. Je devais faire peur à ce pauvre Krister. Je voulais l'effrayer le moins possible, mais vous avez vu vous-même dans quel état il était. J'avais prévu que Krister quitterait immédiatement la pièce pour aller téléphoner à notre conservatrice, puisque j'avais son portable. Cela me donnerait les quelques minutes dont j'avais besoin.
– Tout était planifié jusqu'au moindre détail, constate la conservatrice outrée. Une de mes employés ! C'est inadmissible !

La femme de ménage continue :
– Quand Krister est sorti de la pièce, j'ai enlevé mon déguisement et j'ai caché les bandelettes dans mon chariot. J'ai ensuite replacé la momie dans son sarcophage et je suis tranquillement allée dans le cagibi avec le chariot. J'ai caché les tableaux dans la poubelle et je suis restée derrière la porte à attendre que Barbro Palm arrive à neuf heures et qu'elle coupe l'alarme. Je pouvais maintenant quitter le musée sans être découverte. Et si ces petits cerveaux sur pattes n'avaient pas été là, personne ne m'aurait démasquée, finit Cornelia.

Pendant un long moment, le silence est total dans le bureau de la conservatrice. Soudain, on frappe à la porte. C'est le commissaire de police.

– Hmm ! J'aurais besoin du numéro de téléphone du musée historique du Caire, dit-il. Ils pourraient nous en dire plus sur cette momie et expliquer pourquoi elle vole nos tableaux...
– Ce n'est pas nécessaire, l'interrompt Barbro Palm. Le coupable a avoué.

Ce matin-là, lorsque Oskar et Malena traversent la ville pour rentrer chez eux, le soleil est déjà haut dans le ciel et l'air est frais après la nuit d'orage.
– J'ai de la peine pour Cornelia. Elle voulait juste sauver le musée. Et Barbro Palm traite vraiment mal ses employés, lance Malena.
– Oui, répond Oskar, et à mon avis les oreilles de Krister vont chauffer.

– Ce serait plutôt à la conservatrice d'aller en prison, dit Malena.
– Tu as raison, mais être désagréable n'est pas illégal, répond Oskar d'une voix lasse. Il est épuisé par cette longue nuit passée au musée et ne rêve que d'aller se coucher.

Après que Barbro Palm a raconté toute l'histoire au commissaire de police, Krister et Pernilla sont partis et le commissaire a embarqué Cornelia. Une conservatrice très reconnaissante a alors sorti une liasse de billets de sa caisse – la récompense promise de 10 000 couronnes – qu'elle a donnés à Oskar et Malena. Elle leur a également promis de pouvoir visiter le musée gratuitement jusqu'à la fin de leur vie.

Le lendemain, les habitants de Valleby
lisaient dans le journal:

LES TABLEAUX VOLÉS ENFIN RETROUVÉS !

Grâce aux jeunes détectives Oskar et Malena, le musée a récupéré deux de ses tableaux les plus précieux.

Il s'avère que le voleur était la femme de ménage du musée qui, dans un acte désespéré, tentait de sauver les tableaux de la vente.

La ministre de la Culture à Stockholm est maintenant informée de l'affaire et promet de s'occuper personnellement de ce cas.

Cela implique sans doute que la très controversée conservatrice Barbro Palm devra démissionner de son poste, maintenant que son projet de vendre des tableaux inestimables a été dévoilé. Sa manière de diriger le musée a en outre été sérieusement remise en question par ses employés. (VB)

Oskar & Malena
Détectives privés

Dans la même collection :

MYSTÈRE À L'ÉCOLE

De faux billets ont fait leur apparition chez les commerçants du petit port suédois de Valleby. Mais qui est le coupable ? M. Ahlberg, le directeur de l'école, qui vient d'acheter une superbe voiture ? Mlle Gune, l'institutrice, qui s'inquiète pour sa retraite ? Klas, le remplaçant, qui veut partir faire le tour du monde ? Mary, l'infirmière scolaire, qui semble avoir bien des choses à cacher ? Oskar et Malena mènent l'enquête...

« Le visage de Malena s'assombrit subitement. Elle vient de se rendre compte de quelque chose de moins agréable.
– Ça signifie que... si les faux billets viennent de notre école, c'est qu'ils sont fabriqués par quelqu'un qui y travaille.
– Pourquoi tu dis ça ? demande Oskar.
– Réfléchis ! Il faut du temps pour faire autant de photocopies. Le risque d'être pris en flagrant délit est trop grand. Les billets ont forcément été fabriqués quand l'école était fermée. Vraisemblablement la nuit ! »

Oskar & Malena
Détectives privés

LE MYSTÈRE DES DIAMANTS VOLÉS

Dans le petit port suédois de Valleby, le célèbre bijoutier Muhammed Carat vient de se faire voler cinq pierres précieuses en l'espace de quelques jours. Oskar et Malena, deux jeunes écoliers qui ont fondé leur agence de détectives, sont chargés de l'enquête. Le coupable est certainement un des employés de la bijouterie. Est-ce la vendeuse Siv Leander, qui a besoin d'argent car sa maison a brûlé ? Est-ce Ture Modig, l'employé qui était auparavant propriétaire de la bijouterie et qui voudrait la racheter ? Est-ce Lollo Smitt, le tailleur de diamants, qui vient de s'acheter une voiture de sport et dépense beaucoup d'argent ? Oskar et Malena mènent l'enquête...

« Oskar et Malena retournent à la bijouterie et frappent à la porte du bureau de Muhammed Carat. Personne ne répond. Étrange ! Où peut-il bien être ? Malena baisse doucement la poignée. La porte n'est pas verrouillée. Elle l'ouvre avec précaution et découvre Muhammed Carat allongé sur le canapé marron. Il ne bouge pas ! Est-il mort ? »

LE MYSTÈRE DU GRAND HÔTEL

Au Grand Hôtel de la petite ville suédoise de Valleby, on fête Noël... Et tout à coup, un vol incroyable se produit ! Heureusement, Oskar et Malena, deux écoliers qui ont monté leur agence de détectives privés, travaillent à l'hôtel pendant les vacances scolaires. Ils vont mener l'enquête. Qui peut avoir commis ce vol ? Tout le personnel de l'hôtel, à commencer par son directeur, avait un grand besoin d'argent ! Oskar et Malena vont utiliser Internet pour mener leur enquête...

« Oskar et Malena quittent le salon et grimpent l'escalier quatre à quatre. Le directeur se précipite, lui aussi, vers le deuxième étage. Il a un bandage plein de sang autour de la main ! Que lui est-il arrivé ? »

L'ÉCOLE DES MONSTRES

La jeune écolière suédoise, Nelly Rapp, accompagnée de son chien London, vit une aventure où elle se retrouve face à un vampire sanguinaire ! C'est l'épreuve qu'elle doit traverser pour réussir son examen de l'Ecole des Monstres. Elle va ainsi obtenir le titre de « Chasseuse de Monstres n°10 »

« Tout était toujours noir autour de moi.
C'est alors qu'une main se posa sur mon épaule !
Je fus prise d'un hoquet de terreur. J'étais paralysée par la peur. La main dans le noir commença à me pousser vers l'avant. Je me laissais conduire sans résister.
Une porte s'ouvrit devant moi et la main me poussa dans une pièce.
Chaque pas que je fais, pensai-je, sera peut-être le dernier. »

LES MONSTRES FRANKENSTEIN

La jeune écolière suédoise, Nelly Rapp, « Chasseuse de Monstres n°10 » se voit confier une mission très dangereuse : empêcher de nuire Robert Steen, un monstre frankenstein. Ceux-ci ressemblent aux humains mais leurs corps ont été fabriqués à partir de membres venant de personnes différentes : les bras de l'un, la tête de l'autre, les jambes d'un troisième... De plus, on dit qu'ils ont la sinistre habitude de se nourrir de viande de... chien ! Au-delà de la mission de Nelly, son chien London est en grand danger : il risque d'être transformé en hamburger par Robert Steen...!

« Elle ne savait même pas que c'était un monstre frankenstein.
Qu'est-ce qu'il avait bien pu lui faire ?
J'entrai. Tout était calme. Affreusement calme.
Elle était peut-être dans son bureau, ligotée sur sa chaise. Ou pire encore !
Je pris mon courage à deux mains et j'ouvris la porte.
Je m'attendais au pire. »